ALPHABET
POUR LE
Jeune Age,
Orné de 57 Gravures différentes.

PARIS,
STAHL, IMPRIMEUR-LIBRAIRE,
33, QUAI NAPOLÉON.

Aa Bb
Cc Dd
Ee Ff
Gg Hh

Ii Jj K

Ll Mm

Nn Oo

Pp Qq

Rr Ss

Tt Uu

Vv Xx

Yy Zz

Aa *Aa*

Ange.

Ane.

Bb *Bb*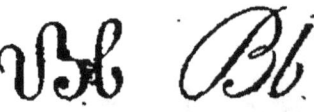

Bénédiction.

Balance.

Cc Cc Cc Cc

Casque.

Coq.

Dd Dd Dd Dd

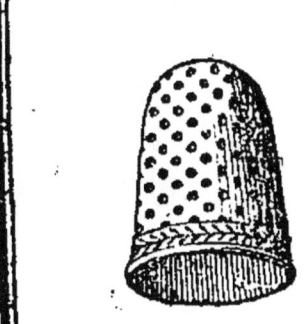
Dé.

Domino.

Ee *Ee*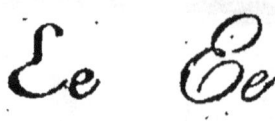

Ecureuil.

Enfant.

Ff *Ff*

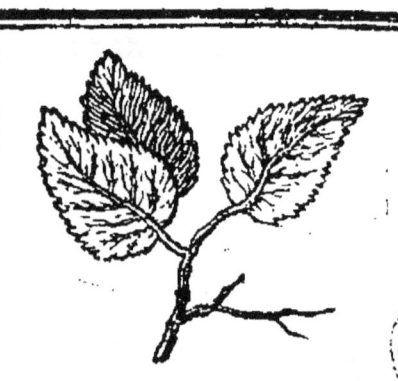

Feuilles.

Fourchette.

Gg Gg *Gg Gg*

Gerbe.

Gg Gg *Gg Gg*

Gigot.

Hh Hh *Hh Hh*

Hippopotame.

Hh Hh *Hh Hh*

Hérisson.

Ii *Ii*	Jj *Jj*
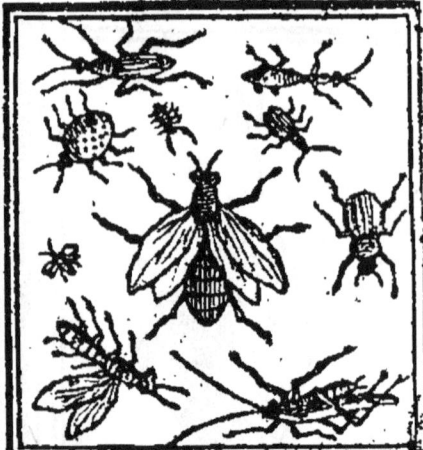	
Insectes.	Juge.
Kk *Kk*	Kk *Kk*

Kakatoès.	Kiosque.

Ll Ll *Ll Ll*

Lampe.

Lit.

Mm Mm *Mm Mm*

Mouton.

Main.

Nn Nn *Nn Nn*

Nègre.

Navire.

Oo Oo *Oo Oo*

Oie.

Omnibus.

Pp Pp	Pp Pp

Procession.	Poule.
Qq Qq	Qq Qq

Quenouille.	Quille.

Rr Rr Rr Rr

Roi.

Remouleur.

Ss Ss Ss Ss

Singe.

Souris.

Tt Tt	Tt Tt

Tour.	Tête.
Uu Uu	Ou Uu
U	
Un.	Urne.

Vv *Vv* 𝒱𝓋 𝒱𝓋

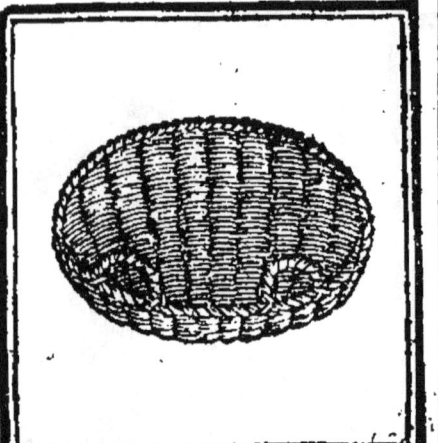
Van.

Verre.

Xx *Xx* 𝒳𝓍 𝒳𝓍

XX.

Xanthe.

Yy Yy *Yy Yy*

Yapa.

Yarque.

Zz Zz *Zz Zz*

Zèbre.

Zébu.

Lettres voyelles.

a e i o u y

Lettres consonnes.

b c d f g h k l m
n p q r s t v x z.

CHIFFRES.

Zéro,   Un,   Deux,   Trois,   Quatre,
0,   1,   2,   3,   4,
Cinq,   Six, Sept,   Huit,   Neuf.
5,   6,   7,   8,   9.

Syllabes.

ba	be	bi	bo	bu
ca	ce	ci	co	cu
da	de	di	do	du
fa	fe	fi	fo	fu
ga	ge	gi	go	gu
ha	he	hi	ho	hu
ja	je	ji	jo	ju
ka	ke	ki	ko	ku
la	le	li	lo	lu

ma	me	mi	mo	mu
na	ne	ni	no	nu
pa	pe	pi	po	pu
ra	re	ri	ro	ru
sa	se	si	so	su
ta	te	ti	to	tu
va	ve	vi	vo	vu
xa	xe	xi	xo	xu
za	ze	zi	zo	zu
sta	ste	sti	sto	stu

A mi
Bon bon
Cha peau
Gâ teau
Moi neau
Ma man
Pa pa
Rai sin
So pha
Tam bour

Ad mi ra ble
Cha ri ta ble
Di ges tif
Do ci le
Ef fray ant
In do ci le
In sen si ble
Ha bi le
Pa res seux
Tri om phant

ORAISON DOMINICALE.

Notre Père qui êtes aux cieux, que votre nom soit sanctifié, que votre règne arrive, que votre volonté soit faite en la terre comme au ciel; donnez-nous aujourd'hui notre pain quotidien, pardonnez-nous nos offenses comme nous les pardonnons à ceux qui nous ont offensés, et ne nous laissez pas succomber à la tentation, mais délivrez-nous du mal. Ainsi soit-il.

SALUTATION ANGÉLIQUE.

Je vous salue, Marie, pleine de grâce, le Seigneur est avec vous, vous êtes bénie entre toutes les femmes, et Jésus, le fruit de vos entrailles, est béni.

Sainte Marie, mère de Dieu, priez pour nous, pauvres pécheurs, maintenant et à l'heure de notre mort. Ainsi soit-il.

LES COMMANDEMENS DE L'ÉGLISE.

1. Les dimanches, messe entendras,
 Et les fêtes pareillement.
2. Les fêtes tu sanctifieras,
 Qui te sont de commandement.
3. Tous tes péchés confesseras,
 A tout le moins une fois l'an.
4. Ton créateur tu recevras
 Au moins à Pâques humblement.
5. Quatre-tems, vigiles jeûneras,
 Et le carême entièrement.
6. Vendredi chair ne mangeras,
 Ni le samedi mêmement.

LES COMMANDEMENS DE DIEU.

1. Un seul Dieu tu adoreras
   Et aimeras parfaitement.
2. Dieu en vain tu ne jureras,
   Ni autre chose pareillement.
3. Les dimanches tu garderas,
   En servant Dieu dévotement.
4. Tes père et mère honoreras,
   Afin de vivre longuement.
5. Homicide point ne seras,
   De fait ni volontairement.
6. Impudique point ne seras,
   De corps ni de consentement.
7. Le bien d'autrui tu ne prendras,
   Ni retiendras injustement.
8. Faux témoignages ne diras,
   Ni mentiras aucunement.
9. L'œuvre de chair ne désireras
   Qu'en mariage seulement.
10. Biens d'autrui ne convoiteras
    Pour les avoir injustement.

PARIS. — IMPRIMERIE DE STAHL, QUAI NAPOLÉON, 55.

www.ingramcontent.com/pod-product-compliance
Lightning Source LLC
Chambersburg PA
CBHW060928050426
42453CB00010B/1897